Alice Kuhn

Käse-, Milch- und Rahm-Speisen

Alice Kuhn

Käse-, Milch- und Rahm-Speisen

1. Auflage 2011 | ISBN: 978-3-8460-0164-6

Erscheinungsort: Paderborn, Deutschland

Salzwasser Verlag GmbH, Paderborn. Alle Rechte beim Verlag.

Reprint des Originals von 1927.

Käse-Milch-& Rahmspeisen

ERNST KUHN BÜCHER · BAND I

KÄSE-, MILCH- UND RAHM-SPEISEN

KÄSE-, MILCH- UND RAHM-SPEISEN

BEWÄHRTE REZEPTE

herausgegeben von

ALICE KUHN

VERLAG: ERNST KUHN · BERN UND BIEL

Copyright 1927 by Ernst Kuhn, Biel.

Alle Rechte auf Texte und Bilder, sowie für Uebersetzungen vorbehalten.

———

Farbenphotographische Aufnahmen Uvachrom A.-G., Biel.
Offset-Druck von H. Vontobel in Meilen.

VORWORT

Die Milch und ihre Umwandlungsprodukte (Käse, Rahm, Butter etc.) bilden seit vorgeschichtlichen Zeiten und bei allen Völkern begehrte Nahrungsmittel für Jung und Alt, Gesunde und Kranke. Sie verdanken dies dem Umstand, dass in der Milch alle dem menschlichen Organismus notwendigen Nähr- und Aufbaustoffe (Eiweiss, Fett, Kohlehydrate, Kalksalze, Asche) in günstigem Verhältnis vorhanden sind. Ihren ganz besonderen Wert erhalten die Milchprodukte indessen durch den reichen Gehalt an Vitaminen, diesen geheimnisvollen Ergänzungs- oder Lebensstoffen, deren Erforschung durch die neuzeitliche Ernährungswissenschaft die Erklärung so vieler Krankheitserscheinungen selbst bei reichlicher, aber vitaminarmer Ernährung gibt. Eine vitaminhaltige Nahrung, wie sie durch regelmässigen Genuss von Milch und Molkereiprodukten erreicht wird, bewahrt den Menschen insbesondere vor Rachitis, Skorbut, Barlowscher Krankheit und nervösen Störungen.

Mit der Herausgabe dieses Kochbuches will ich den weitesten Kreisen vor Augen führen, wie vielseitig und vorteilhaft sich Milch, Käse und Rahm im Haushalte verwenden lassen.

Die Rezepte sind ausprobiert, kurz und sachlich zusammengefasst und zum Teil durch farbige Bilder so weit erläutert, dass bei Stichproben festgestellt werden kann, ob das Rezept richtig erfasst und ausgeführt wurde. Sämtliche Rezepte sind, wo nichts anderes vermerkt, für 4 Personen berechnet.

Durch Verwendung der Farbenphotographie nach dem Uvachrom-Verfahren ist es gelungen, diese Bilder absolut naturgetreu wiederzugeben.

Anregungen und neue Wünsche für weitere Auflagen nimmt gerne entgegen

Biel, November 1927.

Alice Kuhn.

I.
Käsespeisen mit Brot & Teig

1. Käsekuchen

    250 Gramm fetter Käse
    3 dl Milch oder Rahm
    3 Eier, Salz
    ³/₄ Pfund Kuchenteig
      (geriebener- oder Blätterteig)

Walze den Teig aus und belege das Blech damit. Streue den geraspelten Käse darauf. Die Eier werden mit der Milch oder dem Rahm gut verrührt und gesalzen. Diese Masse wird über den Käse gegossen. Backe in guter Ofenhitze. Siehe Seite 9.

2. Käsekuchen

    200 Gramm Käse
    3 dl Milch oder Rahm
    3 Eier
    50 Gramm Mehl, Salz
    ³/₄ Pfund Kuchenteig
      (geriebener- oder Blätterteig)

Walze den Teig aus und belege das Blech damit. Streue den grob geraspelten Käse darauf. Die Eier werden mit dem Mehl gut verrührt, die Milch oder der Rahm nach und nach beigemischt und gesalzen. Diese Masse wird über den Käse gegossen.

Backe in guter Ofenhitze.

3. Käseschnitten, einfache Art

300 Gramm fetter Käse
Brotschnitten
Salz und Pfeffer

Die Brotschnitten werden mit grob geraspeltem oder mit dem Messer in Späne geschnittenem Käse ziemlich dick belegt und im Ofen, womöglich mit Oberfeuer, gelb gebacken.

Kann auch in der schwarzen Pfanne gebacken werden.

Man kann auch mit einer zweiten Brotschnitte die erste belegte Schnitte decken und beidseitig langsam in etwas Butter backen.

Diese letztere Art ist als Walliser-Käseschnitte bekannt.

4. Käseschnitten, 2. Art

300 Gramm fetter Käse
½ dl Rahm oder Milch
1 Ei
½ Esslöffel Mehl
Salz und Pfeffer
Brotschnitten

Der geriebene Käse wird mit dem Mehl vermengt. Das Ei und der Rahm oder die Milch langsam beigegeben. Die Masse wird gut gerührt, auf die Brotschnitten gestrichen und gebacken.

Käsekuchen

Käseschnitten, englische Art

5. Käseschnitten, 3. Art

200 Gramm fetter Käse
2 dl Milch oder Rahm
2 Eier
40 Gramm Mehl
1 Prise Salz und Pfeffer

Mehl, Salz und Pfeffer werden mit der Milch glatt angerührt, auf dem Feuer zu einem Brei gekocht. Nachdem man den geriebenen Käse ungefähr 5 Minuten mitgekocht hat, zieht man die Masse vom Feuer zurück, mischt die Eier gut darunter, streicht die Masse auf $1/2$ cm dicke Brotscheiben und bäckt sie beidseitig in heissem Fett.

6. Käseschnitten, englische Art

200 Gramm fetter Käse
2 dl Rahm
40 Gramm Butter
Brotschnitten von englischem- oder Formbrot
Salz und Pfeffer

Der geriebene Käse wird mit dem Rahm und der Butter zu einem festen Brei gut verrührt. Hernach wird die Masse auf eine Brotschnitte gestrichen, eine zweite darüber gelegt und im Ofen schön braun gebacken. Siehe Seite 9.

7. Käse-Charlotte, 1. Art

    180 Gramm fetter Käse
    30 Gramm Mehl
    1 dl Rahm
    3 Eier
    50 Gramm Butter

Eine bestrichene Form wird mit in Milch getauchten Brotscheiben ausgelegt.

Die Butter wird schaumig gerührt, die Eigelb nach und nach beigemischt, ebenso Mehl, Rahm und der geriebene Käse, sowie Salz und Muskat.

Dann füge 100 Gramm in Würfel geschnittenes und in Milch getränktes Brot bei. Zuletzt ziehe den steifen Eierschnee leicht unter die Masse, fülle die Form und backe sie im heissen Ofen während 25—30 Minuten.

Gleich nach dem Herausnehmen auftragen.

8. Käse-Charlotte, 2. Art

    150 Gramm geriebener Käse
    200 Gramm geschnittenes Brot
    Masse wie für Auflauf
    Siehe Nr. 43

Das geschnittene Brot wird mit siedender Milch übergossen und mit 150 Gramm Käse vermengt.

Die Masse wird in eine bestrichene feuerfeste Platte gegeben, die gleiche Masse wie für den Auflauf darüber gegossen und im heissen Ofen 25—30 Minuten gebacken.

Soll sofort aufgetragen werden.

Käseomelette, französische Art

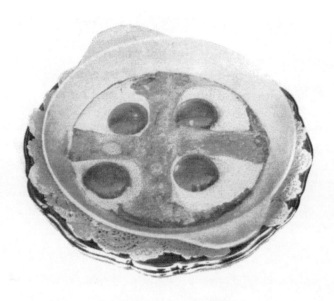

Spiegeleier mit Käse

9. Käserollen

>200 Gramm fetter Emmentaler-
>oder Sprinzkäse
>½ Pfund geriebener Kuchenteig

Der Teig wird ziemlich dünn ausgerollt, dann in 10 cm lange viereckige Stücke geschnitten und mit Eigelb bestrichen. Dieselben werden mit dem geriebenen Käse dick bestreut, aufgerollt und die Enden beidseitig umgelegt, dann im heissen Fett oder Butter gebacken.

10. Käsetörtchen oder Ramequin

>Die gleiche Füllung wie für
>Käsekuchen, zweite Art
>¾ Pfund Blätterteig für 24 Stück
>Törtchen

Die Förmchen werden mit dem Blätterteig ausgelegt, hernach zu ⅔ mit obiger Füllung gefüllt, in sehr heissem Ofen gebacken und heiss aufgetragen.

11. Ramequin

>200 Gramm fetter Käse
>4 dl Rahm oder Milch
>4 Eier
>4 Brotschnitten
>Salz und Pfeffer

Die Brotschnitten werden in Butter oder Fett gelb gebacken und in eine feuerfeste Platte gelegt.

Die 4 Eigelb werden mit dem Rahm gut verrührt, dann der geriebene Käse und Salz beigemischt, hernach der Eierschnee leicht darunter gezogen. Diese Masse wird über die Schnitten gegossen und im Ofen 25—30 Minuten gebacken.

12. Käsebrötchen

> 100 Gramm fetter Käse
> 100 Gramm Butter
> 2 Löffel Milch oder Rahm
> 2 hartgesottene Eier
> 1 Teelöffel Senf
> Salz und Pfeffer
> Brotschnitten aus Graham- oder Schwarzbrot

Die schaumig gerührte Butter wird mit dem gutgeriebenen Käse und den durchs Sieb getriebenen Eiern, der Milch und dem Senf gut vermischt und auf dünne Brotschnitten gestrichen.

13. Käsekrapfen

> ¼ Pfund fetter Käse
> ½ Pfund Blätterteig
> 1 Ei

Der Blätterteig wird 2 mm dick ausgerollt, davon schneidet man 4 cm breite und 10 cm lange Stücke. Auf dieselben legt man eine dünne Scheibe Käse, biegt die Kanten um, bestreicht sie mit Ei und bäckt im heissen Ofen.

14. Käserösti

400 Gramm Käse
1 1/2 Liter Milch
1/2 Liter Wasser
50 Gramm Butter
750 Gramm Brot
2 Eier
1 Zwiebel
Salz und Muskat

Käse und Brot werden lagenweise in einen Topf geschichtet, mit der heissen Milch übergossen und dann eine halbe Stunde stehen gelassen. Hierauf wird die Masse in einer geeigneten Pfanne aufs Feuer gebracht, gehörig gerührt, gewürzt und eine Viertelstunde gekocht. Vor dem Anrichten fügt man 2 gut verrührte Eier bei.

15. Käsebrei

400 Gramm Käse
1 1/2 Liter Milch
1 Liter Wasser
50 Gramm Butter
750 Gramm Brot
1 Zwiebel
Salz und Muskat

Wird ganz gleich behandelt wie Rezept Nr. 14, nur wird die Masse nicht in der Pfanne, sondern in einem Topf gekocht und entsprechend feucht gehalten, eventuell durch Zusatz von Milch und Wasser.

16. Käse-Kanapee

Kleine Käsebrötchen eignen sich vorzüglich zur Schmückung von Hors-d'œuvre-Platten. Hierzu wird das Brot in gleichmässig dicke Scheiben geschnitten, mit etwas Butter bestrichen und mit Greyerzer-, Emmentaler-, Tilsiter oder anderem Käse belegt. Die Brötchen können vor- oder nachher in kleine Quadrate, Rechtecke oder Dreiecke geschnitten werden.

17. Käse-Windbeutel

200 Gramm fetter Käse
100 Gramm Butter
3 dl Milch
125 Gramm Mehl
4 Eier
Salz

Man bereite einen Brühteig:

Die Milch wird mit der Butter und einer Prise Salz zum Sieden gebracht. Das Mehl wird eingerührt, 80 Gramm geriebener und 100 Gramm in kleine Würfel geschnittener Käse beigemischt. Hierauf zieht man vom Feuer zurück, mischt nach und nach 4 Eier hinein und lässt erkalten. Diese Masse gibt man in einen, mit einer glatten Tülle versehenen Spritzsack, oder forme mit einem Löffel auf einem Bleche runde Häufchen, bestreicht diese mit geschlagenem Ei, bestreut noch mit etwas geriebenem Käse und bäckt in mittelheissem Ofen schön gelb. Trage sogleich auf.

II.

Käsespeisen mit Eiern

18. Käseomeletten, französische Art

    200 Gramm fetter Käse
    8 Eier
    50 Gramm Butter
    Salz und Pfeffer

Die Eier werden mit einer Prise Salz und Pfeffer gut geschlagen und der geriebene Käse beigemischt. Dann lässt man in einer flachen Pfanne 30 Gramm Butter gut heiss werden, gibt die Eier hinein und rührt mit einer Gabel oder Schaufel auf lebhaftem Feuer rasch ab, bis es eine flockige Masse bildet. Dann zieht man vom Feuer zurück, rollt die Masse gegen das äussere Ende der Pfanne, gibt einen sanften Schlag auf den Stiel, damit sich die Omelette gegen die Mitte rollt. Stürzt die Omelette auf die Platte. Kann nach Belieben mit Käse garniert werden.
    Siehe Seite 13.

19. Käseomeletten

    200 Gramm Käse
    7 dl Milch oder Rahm
    4 Eier
    125 Gramm Mehl
    Salz und Muskatnuss
    30 Gramm geschmolzene Butter

Das Mehl wird mit der Milch nach und nach glatt angerührt, mit den Eiern verrührt und der geriebene Käse beigemischt und gewürzt.

In einer Omelettenpfanne lässt man Fett gut heiss werden, gibt eine Kelle Teig hinein und backt sie auf beiden Seiten schön gelb.

20. Käseomeletten

    200 Gramm Käse
    6—7 dl Milch
    3 dl Rahm
    150 Gramm Mehl
    4 Eier
    Salz und Muskat

Das Mehl wird mit der Milch glatt angerührt, dann die Eier beigefügt und gewürzt. Die Omeletten werden wie die vorhergehenden gebacken und mit der unten angegebenen kalten Füllung bestrichen und aufgerollt.

Füllung: Die 3 dl Rahm werden mit dem geriebenen Käse gut vermengt und gewürzt.

21. Rühreier mit Käse

    125 Gramm Käse
    8 Eier
    2—3 Esslöffel Rahm oder Milch
    30 Gramm Butter
    Salz, Pfeffer und Muskat

Die Butter wird in einer Pfanne heiss gemacht, die gut geschlagenen und gewürzten Eier dazu gegeben, auf nicht zu starkem Feuer mit einer Spatel oder Eiweissbesen gerührt, bis sich eine flockige Masse bildet.

Man gibt dann den geriebenen Käse und den Rahm hinein und serviert sogleich.

22. Spiegeleier mit Käse oder Käsebrätel

100 Gramm fetter Käse
8 Eier
20 Gramm Butter
Salz und Pfeffer

Belege den Boden einer bestrichenen Kochplatte mit dünnen Käsescheiben, lasse dieselben im heissen Ofen oder auf der Herdplatte einwenig anbraten, schlage dann die Eier darauf, würze, und backe im Ofen einige Minuten, bis die Eier halbweich sind.

Kann auch in der Omelettenpfanne zubereitet werden, muss aber gut zugedeckt sein.

Siehe Seite 13.

23. Käseplattenmüesli

250 Gramm fetter Käse
80 Gramm Butter
7 dl Milch
30 Gramm Mehl
4 Eier
Salz und Pfeffer

Das Mehl wird mit etwas Milch angerührt, der Rest Milch, sowie Butter und Käse beigefügt, in einer

Pfanne unter ständigem Rühren zum Sieden gebracht.

Man giesst die Masse über die gut geschlagenen Eier in eine bestrichene Platte und backt im Ofen bei mittelmässiger Hitze 20—30 Minuten.

24. Eierkutteln, 1. Art

250 Gramm Käse
6—7 dl Milch
150 Gramm Mehl
4 Eier
½ Liter Käsecrème, siehe Rezept Nr. 45
Salz, Muskat und Pfeffer

Backe ziemlich dünne Käseomeletten und rolle dieselben auf. Schneide ½ cm breite Streifen, wie Nudeln. Gieb dieselben in eine bestrichene feuerfeste Platte, übergiesse das Ganze mit Käsecrème und streue noch eine Handvoll geriebenen Käse darüber. Backe schön gelb, womöglich mit Oberhitze.

25. Eierkutteln, 2. Art

200 Gramm fetter Käse
6—7 dl Milch
150 Gramm Mehl
3 dl Rahm oder Milch
5 Eier
Salz und Pfeffer

Bereite einen Omelettenteig ohne Käse. Backe dünne Omeletten und rolle dieselben auf. Schneide

½ cm breite Streifen, wie Nudeln, gib dieselben in eine bestrichene, feuerfeste Platte, begiesse mit folgender Masse und backe im Ofen braun.

3 dl Rahm werden mit den Eiern und dem fein geriebenen Käse gut verrührt.

26. Eier au Gratin

50 Gramm Käse
½ Liter Käsecrème, siehe Rezept Nr. 45
8 harte Eier
20 Gramm Butter
Salz und Muskat
Brotscheiben

Gebackene oder geröstete Brotscheiben werden in eine Kochplatte gelegt, darauf die halbierten hartgesottenen Eier, die mit Käsecrème zugedeckt werden und mit geriebenem Käse bestreut im Ofen einige Minuten möglichst mit Oberhitze gebacken. Trage sehr heiss auf.

27. Gefüllte Eier

150 Gramm Käse
2 dl Rahm
6 Eier
30 Gramm Butter
Salz und Pfeffer

Siede die Eier 8 Minuten. Lasse sie in kaltem Wasser etwas abkühlen, schäle und halbiere sie.

Nimm das Eigelb heraus und drücke dasselbe durch ein Haarsieb, gib es in eine Pfanne, mische die Butter damit, dann den Rahm und zuletzt den geriebenen Käse und verrühre das Ganze zu einem Brei. Fülle die ausgehöhlten Eiweiss mit dieser Masse, lege dieselben in eine Platte, gib ein kleines Stück frische Butter auf jedes einzelne, bestreue mit etwas geriebenem Käse und backe etwa 5 Minuten.

28. Aufgesetzte Eier mit Käse

200 Gramm Mager- oder Sprinzkäse
6 Eier
2 dl Rahm
30 Gramm Butter
Salz und Pfeffer

In eine feuerfeste, gutgestrichene Platte streut man die Hälfte des geriebenen Käses. Man schlägt die frischen Eier darauf, mischt dann die andere Hälfte Käse mit dem Rahm gut zusammen, giesst über die Eier, streut noch ein wenig Käse darüber, gibt einige Stückchen frische Butter dazu und bäckt im heissen Ofen halbweich.

29. Eier an weisser Sauce

150 Gramm Käse
30 Gramm Butter
4 dl Milch oder Kraftbrühe
50 Gramm Mehl
8 Eier
Salz und Muskat

Neuenburger-Fondue

Käseauflauf

Die Eier werden 8 Minuten gesotten, mit kaltem Wasser abgeschreckt und geschält. Dann wird folgende Tunke bereitet:

Die Butter wird in einer Pfanne geschmolzen, das Mehl eingerührt und auf kleinem Feuer unter ständigem Rühren etwa 2 Minuten aufwallen lassen, ohne dass die Masse braun wird. Man giesst hernach die siedende Milch oder die Kraftbrühe, oder halb und halb darüber, rührt den geriebenen Käse ein, würzt, lässt 5 Minuten kochen, gibt die in Hälften geschnittenen Eier hinein und richtet an.

30. Käseknöpfli

200 Gramm fetter Käse
4 dl Milch
40 Gramm Butter
150 Gramm Mehl
5 Eier
5 gesottene Kartoffeln
Salz und Muskat

Käse, Milch und Butter werden in einer Pfanne unter ständigem Rühren aufs Feuer gebracht, bis der Käse geschmolzen ist, dann werden die fein geriebenen Kartoffeln beigemischt und zirka 150 Gramm Mehl beigegeben, sodass ein ziemlich dicker Teig entsteht. Nachdem der Teig einwenig abgekühlt ist, mischt man nach und nach die Eier bei. Man sticht dann löffelweise vom Teig ab und bäckt im schwimmenden Fett oder Butter schön gelb.

31. Spätzle mit Käse

200 Gramm Käse
6 dl Milch und Wasser
4 Eier
500 Gramm Mehl
Salz und Pfeffer

Das Mehl wird mit den Eiern und nach und nach mit halb Milch, halb Wasser glatt angerührt, bis ein ziemlich dicker Teig entsteht; dieser wird gut geklopft, bis er Blasen wirft. Der Teig wird auf ein Brettchen gegeben; mit einem ständig in heissem Wasser getauchten Messer schneidet man kleine Klösse ab und lässt sie in viel siedendes, gut gesalzenes Wasser abfallen. Die Klösse werden 4—5 Minuten aufgekocht, dann gibt man sie auf ein Sieb oder Löcherbecken zum Vertropfen.

Die Spätzle kommen hernach in eine gestrichene, mit geriebenem Käse und Paniermehl bestreute feuerfeste Platte, der geriebene Käse wird gut darunter vermischt, 2 dl warme Milch darübergegossen, mit kleinen Butterstückchen belegt und im heissen Ofen 20 Minuten gebacken.

32. Käse-Gnocchi

200 Gramm fetter oder Sprinzkäse
5 dl Milch
100 Gramm Butter
4 Eier
200 Gramm Mehl
½ Liter Käsecrème, siehe Rezept Nr. 45
Salz und Pfeffer

Man macht einen Brühteig:
Milch und Butter werden zum Sieden gebracht, dann wird das Mehl schnell hineingerührt, 150 Gramm vom geriebenen Käse beigemischt und gewürzt. Hernach wird die Pfanne vom Feuer zurückgezogen und die Eier nach und nach beigegeben. Man sticht dann mit einem Messer nussgrosse Klösse ab, lässt sie in siedendes, gesalzenes Wasser fallen, sobald dieselben an die Oberfläche steigen, abtropfen.

In eine Kochplatte giesst man Käsecrème, formt darauf die Klösse, übergiesst sie, bestreut sie mit Käse und gratiniert 15—20 Minuten.

33. Griess-Gnocchi

200 Gramm Käse
1 Liter Milch
80 Gramm Butter
180 Gramm Gries
2 Eier
Salz und Pfeffer

Die Milch wird mit der Butter aufgekocht, dann schüttet man den Griess hinein, rührt einige Minuten auf dem Feuer ab, bis sich eine dicke Masse bildet, die sich von der Pfanne ablöst, mischt dann 100 Gramm geriebenen Käse bei, rührt die Eier dazu, salzt und würzt nach Belieben. Die Masse streicht man 1 cm dick auf ein gestrichenes und mit Käse bestreutes Blech, lässt erkalten, schneidet viereckige Stücke davon ab, legt sie auf eine Kochplatte, bestreut sie mit Käse, sowie mit einigen Butterstückchen und gratiniert 10—15 Minuten.

34. Mais-Gnocchi

200 Gramm Käse
6 dl Milch oder Wasser
30 Gramm Butter
180 Gramm Mais
Salz und Pfeffer

Die Milch oder das Wasser wird mit der Butter aufgekocht, der gemahlene Mais hineingerührt und Gnocchi gemacht, dann behandelt wie Griess-Gnocchi.

35. Käseplätzchen

250 Gramm fetter Käse
³/₄ Liter Milch
350 Gramm Brot
1 Ei
Salz und Pfeffer

Geschnittenes Brot und geriebener Käse werden schichtweise in eine Schüssel gelegt, gewürzt und mit heisser Milch begossen. Einwenig beschwert und erkalten lassen. Die umgestürzte Masse wird in Scheiben geschnitten, die man in Ei taucht und in Fett oder Butter bäckt wie Griessplätzli.

III.

Reine Käsespeisen

---

36. Neuenburger-Fondue

    500 Gramm fetten Emmentaler
2 ½ dl Weisswein
   10 Gramm Mehl
     1 Likörgläschen Kirsch
       Knoblauch
       Brot

Der Topf wird mit der Schnittseite des halben Knoblauches ausgerieben und je nach Gutfinden fein geschnitten, dazu noch verwendet.

Hierauf giesst man den Wein in den Topf, lässt denselben ziemlich warm werden, schüttet den Käse nach, unter unausgesetztem Rühren mit einer Gabel. Wenn die Masse kocht, wird das mit dem Kirsch glatt gerührte Mehl beigefügt, worauf die Fondue auf einer Spirituslampe weiterkochend aufgetragen wird.

Würzen nach Geschmack.

Durch Eintauchen einer mit einem Brotstück versehenen Gabel bedient sich jeder nach Belieben. Siehe Seite 25.

37. Fondue nach Freiburger Art

> 500 Gramm Vacherin
> 2 dl Rahm
> 2 Eigelb
> Salz und Pfeffer

Die Kruste des Vacherin wird, wenn jung, nur leicht abgerieben, sonst entfernt. Den Vacherin mit dem Rahm unter ständigem Rühren in einem Fonduetopf, langsam auf kleinem Feuer geschmolzen. Wenn es anfängt zu kochen, die Eigelb darunter gemengt, gewürzt und aufgetragen wie die Neuenburger-Fondue.

Eine zweite Art kann auch, statt mit Rahm und Eiern mit zuvor warm gemachtem Weisswein zubereitet werden.

38. Berner-Fondue

> 350 Gramm fetter Käse
> 1/2 Liter Rahm
> 25 Gramm Butter
> 4 Eigelb
> 1 kleiner Löffel Kirsch

Die Butter wird auf schwachem Feuer im Topf zerlassen. Käse, Rahm, Eigelb und Kirsch werden sofort beigefügt und die Masse unter beständigem Rühren zum Kochen gebracht. Würze nach Belieben und trage wie Nr. 36 auf.

39. Käsesalat

>500 Gramm Käse
>Oel, Essig, Rahm
>Salz, Pfeffer, Senf und Kümmel

Der Käse wird in dünne, kleine Scheiben geschnitten. Alle Zutaten werden gut verrührt, darüber geschüttet und einige Zeit stehen gelassen.

40. Käseküchli

>200 Gramm fetter Käse
>Omelettenteig aus einem Ei

Der Käse, in dünne Scheiben geschnitten, wird in Omelettenteig getaucht und im heissen Fett gebacken.

41. Käsekügelchen, 1. Art

>350 Gramm fetter Käse
>4 Eier
>50 Gramm Mehl

Der geriebene Käse wird mit dem Eigelb verrührt und das geschlagene Eiweiss darunter gezogen.

Aus dieser Masse werden Kügelchen geformt, die in Mehl gewälzt und in schwimmendem Fett gebacken werden.

Heiss auftragen. Siehe Umschlag.

42. Käsekügelchen, 2. Art

200 Gramm Käse
Omelettenteig aus 2 Eiern

Dem fertigen Omelettenteig wird der geriebene Käse beigemischt. Man sticht mit einem Löffel Teigstücke aus und bäckt in schwimmendem Fett braun.

43. Käse-Auflauf, 1. Art

250 Gramm Fett- oder Sprinzkäse
¼ Liter Milch
¼ Liter Rahm
5 Eier
20 Gramm Mehl
Salz

Man rührt Eier, Mehl, Milch oder Rahm zusammen, fügt den Käse bei und zieht den Eierschnee darunter.

Die Masse wird in feuerfester, mit Butter ausgestrichener Form eingefüllt und im heissen Ofen braun gebacken.

Wie auf Seite 25 können kleine Formen verwendet werden.

44. Käse-Auflauf, 2. Art

250 Gramm geriebener Emmentalerkäse
6 dl Milch
50 Gramm Butter
50 Gramm Mehl
4 Eier

Die Butter wird in der Pfanne zerlassen, das Mehl beigerührt, eine Minute aufwallen lassen, ohne dass das Mehl braun wird. Hernach giesst man die siedende Milch darüber, verrührt gut, lässt 10 Minuten kochen, nachdem man den Käse beigemischt hat zieht man vom Feuer zurück. Dann fügt man die Eigelb bei und zieht zuletzt den Eierschnee darunter, füllt die Masse in eine gut bestrichene Form und bäckt im heissen Ofen 25—30 Minuten.

Wird gleich aufgetragen.

45. Käse-Crème

150 Gramm fetter Käse
2 dl Milch oder Rahm
3 Eier
1 Esslöffel Reismehl
Salz

Mehl, Milch und Eier mit Salz werden gut verrührt und zum Kochen gebracht. Der gutgeriebene Käse wird hinzugefügt und bis zur feinen, bindigen Masse weitergekocht. Nach Gutdünken kann mit Milch entsprechend verdünnt werden.

Man bedient sich dieser Crème bei allen Gratin-Speisen.

Als Sauce verwendet, passt sie ausgezeichnet zu Kartoffeln, Teigwaren oder Reis, muss dann nur etwas dünner sein.

46. Käse-Teufelchen als Suppen-Einlage
Menge nach Belieben.

In dünne Scheiben geschnittenes Brot wird in zerlassene Butter getaucht und mit geraspeltem Sprinz-Käse reichlich bestreut und je nach Wunsch mit Cayenne-Pfeffer gewürzt. Alsdann werden die Schnitten bei mässiger Hitze hellbraun gebacken, dann in kleine Würfel oder Dreiecke geschnitten und die Kraftbrühe darüber angerichtet.

47. Walliser-Râclette

Die Râclette ist eine Spezialität aus den Schweizerbergen. Sie wird am besten aus fettem, halbweichem Käse, der dem Tilsiter ähnlich sein kann, zubereitet. 10—12 Kilogramm schwere und 3—6 Monate alte Käse werden mit dem Messer durch Schaben gereinigt und dann in 2 Hälften geschnitten. Die Schnittfläche des einen Stückes wird nun gegen ein starkes Glutfeuer gehalten, oder im Freien bei offenem Feuer auf einen Stein gelegt.

Wenn die Oberfläche des Käses zu fliessen beginnt, wendet man das Stück um und lässt weiter braten, bis die ganze Schnittfläche fast flüssig ist. Mittels eines langen Messers wird nun die auf diese Weise weich gewordene Schicht abgezogen und auf einen Teller angerichtet. Das ist nun die fertige Râclette. Dieselbe wird mit gekochten Schäl-Kartoffeln, Gurken und je nach Geschmack mit Pfeffer gegessen.

IV.

Käse als Speisezusatz

48. Piemonter Risotto

200 Gramm Käse
30 Gramm Butter oder Fett
300 Gramm Reis
100 Gramm Tomatenpuree
1 Liter Kraftbrühe
1 Zwiebel
Salz und Pfeffer

Nachdem die feingehackte Zwiebel mit Butter leicht abgeschweisst ist, gibt man den gewaschenen Reis dazu, schweisst leicht ab und giesst die siedende Kraftbrühe darüber. Den Reis rührt man, bis er kocht, deckt ihn zu und lässt auf kleinem Feuer oder im Ofen 20 Minuten kochen.

Hierauf wird die Tomatenpuree, der geriebene Käse, sowie Salz und Pfeffer leicht und schnell dazu gerührt und aufgetragen.

Statt Tomaten kann man Safran beigeben, derselbe wird in Kraftbrühe oder mit Butter verknetet aufgelöst.

49. Käsereis, im Ofen gebacken

150 Gramm fetter Käse
¹/₂ Liter Milch
30 Gramm Butter
500 Gramm Reis
3 Eier
Salz

Der gewaschene Reis wird mit der Butter und entsprechend Wasser aufs Feuer gebracht und körnig weich gekocht. Hierauf wird er mit dem geriebenen Käse schichtenweise in eine feuerfeste Form eingefüllt, mit den in Milch gut verrührten Eiern übergossen und etwa 10 Minuten im Ofen gebacken.

50. Reiscroquetten mit Käse

150 Gramm fetter Käse
30 Gramm Butter
300 Gramm Reis
3 Eier
1 Zwiebel
Salz und Pfeffer

In den wie Risotto gekochten Reis gibt man statt Tomaten 2 Eier hinein und lässt ihn erkalten.

Dann formt man 4 cm lange Würstchen, wälzt sie im geschlagenen Ei mit Paniermehl und bäckt dieselben im schwimmenden Fett schön gelb.

51. Spaghetti nach Neapolitaner Art

125 Gramm fetter Käse
30 Gramm Butter
300 Gramm Spaghetti
2 dl Tomatensauce
Salz und Pfeffer

Die Spaghetti werden in siedendem, gesalzenem Wasser 20 Minuten weichgekocht, dann auf ein Sieb abgetropft. Sobald die Tomatensauce heiss ist, schüttet man die Spaghetti hinein, lässt aufkochen, gibt die frische Butter, den geriebenen Käse, sowie Salz und Pfeffer hinzu und trage sehr heiss auf.
Siehe Seite 45.

52. Maccaroni mit Käse, 1. Art

200 Gramm Käse
30 Gramm Butter
300 Gramm Maccaroni
Paniermehl, Salz und Pfeffer

Die in siedendem Salzwasser weichgekochten Maccaroni werden abgetropft, mit dem griebenen Käse gut vermengt, gewürzt, auf eine Platte angerichtet und das in der heissen Butter abgeschmelzte Paniermehl darüber geschüttet.

53. Maccaroni mit Käse, 2. Art

250 Gramm Käse
2 dl Milch
1 Ei
300 Gramm Maccaroni oder Nudeln
Salz und Pfeffer

Die weichgekochten Maccaroni oder Nudeln werden mit 150 Gramm geriebenem Käse vermengt und in eine bestrichene Kochplatte gegeben. Dann wird das Ei mit der Milch und dem Rest geriebenem Käse gut verrührt, über die Maccaroni gegossen und im Ofen schön gelb gebacken.

54. Maccaroni, ital. Art, gratiniert

125 Gramm Käse
300 Gramm Maccaroni
4 dl Käsecrème Nr. 45
20 Gramm Butter
Salz und Pfeffer

Die weichgekochten, gut abgetropften Maccaroni werden mit der Käsecrème vermengt. Hierauf gibt man sie in eine gestrichene, mit geriebenem Käse bestreute Kochplatte, streut den Rest geriebenen Käse darüber, gibt kleine Stückchen Butter darauf und bäckt im heissen Ofen.

55. Polenta mit Käse

150 Gramm Käse
60 Gramm Butter
250 Gramm Maismehl
Salz und Pfeffer

Das Maismehl wird in 1 Liter kochendes Wasser eingerührt und gewürzt und während 30 Minuten gekocht. Hierauf wird die Masse mit der Butter und dem geriebenen Käse vermengt, auf ein nasses Blech oder Brett 1 cm dick gestrichen. Wenn erkaltet, in Stücke geschnitten und in Butter gebacken.

56. Kartoffelrösti mit Käse

200 Gramm Käse
10 gesottene Kartoffeln
40 Gramm Fett

Man bereitet eine gewöhnliche Kartoffelrösti unter Beigabe von 50 Gramm geriebenem Käse per Person.

57. Kartoffeln mit Käse, im Ofen gebacken

200 Gramm Käse
1 kg Kartoffeln
5 dl Kraftbrühe, Rahm oder Milch
20 Gramm Butter
Salz und Pfeffer

Die rohen Kartoffeln werden in Scheiben geschnitten, in einer gestrichenen Kochplatte lagenweise mit dem geriebenen Käse, Fleischbrühe, Gewürz und kleinen Butterstückchen darüber bei mässiger Hitze 40 Minuten gebacken.

58. Kartoffelplätzli mit Käse

200 Gramm Käse
3 Eier
1 dl Milch
10 mittlere Kartoffeln
80 Gramm Mehl
Salz und Pfeffer

Man kocht die Kartoffeln zu Stock, gibt die siedende Milch, sowie nach und nach die Eier, das Mehl und den geriebenen Käse hinein.

Wenn erkaltet, formt man Plätzli oder Kügelchen und bäckt sie im heissen Fett.

59. Kartoffelstock, gratiniert

250 Gramm fetter Käse
3 dl Milch
30 Gramm Butter
10 Kartoffeln
10 Gramm Paniermehl
Salz, Muskat und Pfeffer

Man bereitet einen gewöhnlichen Kartoffelstock, dem man 150 Gramm geriebenen Käse beimischt und würzt. Hierauf gibt man die Masse in eine Kochplatte, streut den Rest geriebenen Käse, sowie das Paniermehl darüber, giesst dann die zerlassene Butter darauf und gratiniert im heissen Ofen.

60. Kartoffelpudding mit Käsecrème Nr. 45

½ Liter Käsecrème
10 Kartoffeln
2 dl Rahm
4 Eier
Salz und Muskat

Die Kartoffeln werden wie für Stock gekocht, durchs Sieb gedrückt, gewürzt, mit dem Rahm und nach und nach mit dem Eigelb vermischt. Hierauf wird der steife Eierschnee leicht darunter gezogen, die Masse in eine bestrichene, mit Mehl bestäubte Puddingform gefüllt, gut verschlossen und ⁵/₄ Stunden im Wasserbad gekocht. Dann wird der Pudding gestürzt, mit der Käsecrème übergossen und serviert.

61. Blumenkohl, gratiniert

125 Gramm Käse
2 dl Milch
30 Gramm Butter
80 Gramm Mehl
1 Ei
1 Blumenkohl
Salz und Muskat

Der Blumenkohl wird in Salzwasser weichgekocht. Indessen bereitet man folgendermassen die Tunke: Man zerlässt in einer Pfanne oder Kasserolle die Butter, gibt dann das Mehl hinein und lässt 1 Minute aufwallen, ohne dass es braun wird. Hierauf giesst man die siedende Milch dazu und lässt 5 Minuten kochen. Dann vermengt man den geriebenen Käse damit, würzt, zieht vom Feuer zurück, rührt zuletzt das Ei ein. Der gut abgetropfte Blumenkohl kommt dann in eine gestrichene Kochplatte, wird mit der Tunke übergossen und im Ofen schön gelb gratiniert.

62. Blumenkohl, Mailänder Art

100 Gramm fetter Käse
50 Gramm Butter
1 Blumenkohl
20 Gramm Paniermehl
Salz und Pfeffer

Der Blumenkohl wird im Salzwasser weichgekocht. Nachdem derselbe gut abgetropft ist, gibt man ihn in eine gestrichene Kochplatte, streut den geriebenen Käse, sowie das Paniermehl darüber, gibt einige Stücke frische Butter darauf und gratiniert. Im Moment des Auftragens giesst man 30 Gramm braungekochte Butter darüber.
Siehe Seite 45.

63. Schwarzwurzeln mit Käsecrème

50 Gramm Käse
1/2 Liter Käsecrème Nr. 45
1 kg Schwarzwurzeln

Man richtet eine Schüssel kaltes Wasser, welches mit einer Hand voll Mehl glatt angerührt und mit einwenig Essig gesäuert ist. Schabt die Schwarzwurzeln und legt sie in das hergerichtete Wasser, damit sie weiss bleiben. Man setzt sie dann im kalten gesalzenen Wasser aufs Feuer, giesst 1 dl Milch dazu und lässt sie $^3/_4$—1 Stunde kochen. Hierauf werden sie auf ein Sieb geschüttet und abgekühlt.

Die zubereitete Käsecrème wird über die Wurzeln gegossen, der geriebene Käse darüber gestreut und gratiniert.

Spaghetti, Neapolitaner Art

Blumenkohl, Mailänder Art

64. Spargeln nach Mailänder Art

125 Gramm Käse
50 Gramm Butter
1 kg Spargeln
Salz und Pfeffer

Man bindet die geschälten Spargeln zu 2 gleichmässigen Bündeln zusammen, kocht sie in viel siedendem Salzwasser schön weich. Nachdem sie gut abgetropft sind, ordnet man sie auf eine mit Butter bestrichene, mit Käse bestreute Kochplatte, gibt den geriebenen Käse darauf und kocht im Ofen 10 Minuten. Im Augenblick des Auftragens giesst man die braungekochte Butter darüber.

65. Käse mit Tomaten

200 Gramm fetter Käse
6 mittelgrosse Tomaten
4 Eier
25 Gramm Butter
Salz und Pfeffer

Nachdem die Butter in der Pfanne zerlassen worden ist, werden die gereinigten und in Hälften oder Viertel zerschnittenen Tomaten hineingelegt, der geraspelte Käse darübergestreut. Das Ganze wird zugedeckt und zirka 10 Minuten gekocht. Hierauf werden die Eier einzeln darüber zerschlagen (sodass dieselben noch ganz bleiben) und nach Belieben härter oder weicher fertig gekocht.

66. Lattich nach Berner Art

150 Gramm Emmentaler Käse
50 Gramm Butter
8 Lattichköpfe
½ Liter Fleischbrühe
100 Gramm gekochter Reis

Der Lattich wird in kochendem Wasser 5 Minuten gekocht, im kalten Wasser erfrischt und ausgedrückt. Dann wird der gekochte Reis mit 100 Gramm geriebenem Käse vermengt und in die Lattichköpfchen gefüllt. Diese gibt man in eine Kochplatte, giesst die Fleischbrühe darüber, legt auf jeden Lattich eine Scheibe Käse, zerstückelt die Butter darüber, deckt die Platte gut zu und kocht bei mässiger Hitze 45 Minuten.

67. Spinat, gratiniert

125 Gramm Käse
60 Gramm Butter
2 dl Rahm oder Fleischbrühe
500 Gramm Spinat

Der Spinat wird in viel siedendem Salzwasser gekocht, im kalten Wasser erfrischt, ausgedrückt und fein gehackt oder durch ein Sieb getrieben. Man zerlässt in einer Pfanne 60 Gramm Butter gibt den Spinat hinein und mischt den Rahm oder die Fleischbrühe bei. Hierauf vermengt man 100 Gramm geriebenen Käse damit. Der Spinat kommt dann in eine Kochplatte, der Rest geriebener Käse wird darüber gestreut, 40 Gramm Butter in kleinen Stückchen darüber verteilt und wird 10 Minuten in heissem Ofen gratiniert.

Käsegebäck

Käseplatte

V.

Käse als Nachspeise

Wenn wir dem „Käse als Nachspeise" ein besonderes Kapitel widmen, so darf daraus nicht geschlossen werden, dass sich Käse in ungekochtem Zustande nur als Nachspeise verwenden lasse. Allerdings gibt es viele Leute, die ein Essen erst dann als wirklich gut und abgeschlossen betrachten, wenn ihnen als Nachspeise ein Stück vorzüglichen Emmentaler- oder Greyerzerkäse, oder eine unserer bekannten Weichkäsesorten aufgetragen worden ist. Käse wird aber mit Vorteil auch zu den übrigen Mahlzeiten, oder als Zwischenverpflegung genossen, namentlich bei angestrengter körperlicher Arbeit.

Zum Frühstück eignet sich ein Stück Käse, oder etwas Kräuterkäse (Schabzieger) sehr gut. Der letztere, mit Butter genossen, wirkt appetitanregend.

Besondere Beachtung verdient unser erstklassiger, schweizerischer Reibkäse, der unter dem Namen „Spalen- oder Sprinzkäse" im Alter von 2—3 Jahren in den Handel kommt. Diese Käsesorte wird seit Jahrhunderten auf den innerschweizerischen Alpen gemacht. Sie ist vollfett und wird mit Vorliebe als Beigabe zu Suppen, Teigwaren, Blumenkohl und anderen Speisen genossen, deren Wohlgeschmack und Nährwert dadurch wesentlich erhöht werden.

---

68. Käsegebäck

Geraspelter Sprinzkäse
Blätterteig

Aus einer beliebigen Masse Blätterteig werden Stäbchen, Stangen, Hufeisen oder nach Belieben andere Formen hergestellt. Dieser so zubereitete Teig wird mit Eigelb bestrichen und reichlich mit geraspeltem Sprinzkäse bestreut und im Ofen gebacken. Siehe Seite 49.

69. Käsestangen

250 Gramm Sprinzkäse
250 Gramm Butter
250 Gramm Mehl
1 Eigelb

Käse, Butter und Mehl werden zusammen zu einer festen Masse geknetet, wenn nötig noch mit einem Tropfen Wasser; dann ausgerollt und zu 10 cm langen Stangen geformt, mit Eigelb bestrichen, mit geraspelten Käse überstreut und im Ofen gebacken.

70. Käsestangen

    125 Gramm geraspelter Sprinzkäse
    1 dl Rahm
    50 Gramm Butter
    100 Gramm Mehl
    Salz und Pfeffer

Nachdem man die Butter schaumig gerührt hat, gibt man den Rahm und den Käse, dann das Mehl, nach Geschmack Salz und Pfeffer dazu und bearbeitet es gut. Dann wird die Masse in 1 cm dicke Röllchen oder durch die Teigspritze in 4 cm lange Streifen geformt und auf einem bestrichenen Blech bei schwacher Hitze gebacken.

Die Stangen können noch vor dem Backen mit geraspeltem Käse bestreut werden.

71. Törtchen Rebekka

    125 Gramm fetter Käse
    ½ Pfund geriebener Teig
    30 Gramm Butter
    1 dl Rahm
    1 Ei

Der Teig wird ausgerollt und in kleine Förmchen ausgelegt. Diese werden im heissen Ofen leer gebacken und mit folgender Masse gefüllt:

Der Käse wird fein geschnitten, mit der Butter in einer Kasserolle geschmolzen, der Rahm zugefügt und das verklopfte Ei beigemischt. Die Masse hierauf eingefüllt und aufgetragen.

72. Welsch Rare-bits

250 Gramm Käse
½ dl dunkles Bier
20 Gramm Senf
Toast

Das Bier wird gekocht, der Käse darin gerührt bis die Masse ganz flüssig ist, zuletzt der Senf. Wenn es 2—3 Minuten gekocht hat, bestreicht man damit warme Toast und serviert sofort.

73. Käse-Biscuits

125 Gramm Käse
1 dl Rahm
5 Eier
80 Gramm Mehl

Das Mehl wird mit dem Rahm und den 5 Eigelb angerührt, dann der geriebene Käse beigemischt und die 5 zu Schnee geschlagenen Eiweiss leicht darunter gezogen.

Diese Masse wird auf ein bebuttertes und mit Mehl bestäubtes Blech gestrichen und im heissen Ofen schön gelb gebacken. Nachher in Stücke geschnitten und gleich aufgetragen.

VI.

Milchspeisen

74. Plattenmüesli, süss

    ³/₄ Liter Milch
    50 Gramm Zucker
    5 Eier
       Zitronenschale abgerieben
    1 Prise Salz

Die Eier werden mit dem Zucker, dann mit der Milch und der Zitronenschale gut verrührt, in eine bestrichene und bestäubte Platte gefüllt und im Ofen 25—30 Minuten gebacken.

75. Plattenmüesli, gratiniert

    ³/₄ Liter Milch
    80 Gramm Kartoffelmehl oder Maizena
    4 Eier
    1 Prise Salz

Das Kartoffelmehl oder Maizena wird mit der Milch glatt angerührt, dann unter beständigem Rühren zum Kochen gebracht. Hierauf giesst man diese Flüssigkeit über die gut mit dem Salz verrührten Eier. Schüttet diese Masse nach und nach in eine bestrichene und bestäubte Kochplatte und backe im mittelheissen Ofen schön braun.

76. Karamelköpfchen

1 Liter Milch
6 Eier
330 Gramm Zucker
Vanille oder das Gelbe einer Zitrone

80 Gramm gestossener Zucker werden ohne Wasser auf schwachem Feuer unter beständigem Rühren geschmolzen bis er schön braun ist. Dieser Karamel giesst man in eine Timbalform, so dass der Boden gleichmässig damit bedeckt ist und lässt erkalten. Unterdessen wird die Milch mit dem Zucker sowie Vanille zum Sieden gebracht, hierauf unter beständigem Rühren, nach und nach über die gut geschlagenen Eier geschüttet. Diese Crème giesst man in die mit Karamel ausgegossene Form, setzt dieselbe in das Wasserbad (Bain-marie) und kocht im Ofen 50 Minuten bis eine Stunde. Das Wasserbad soll sehr heiss sein, darf aber nicht kochen. Wenn die Crème kalt ist, stürzt man sie und serviert.

Siehe Seite 69.

77. Danillenköpfchen

1 Liter Milch
6 Eier
250 Gramm Zucker
1 Stengel Vanille

Wird genau wie Karamelköpfchen zubereitet, aber ohne Karamel.

78. Danillencrème

    1/2 Liter Milch
    4 Eier oder 2 ganze und 4 Eigelb
    250 Gramm Zucker
    Vanille

Die Milch wird mit der Vanille zum Sieden gebracht. Unterdessen rührt man die Eier mit dem Zucker schaumig, giesst nach und nach die Milch unter beständigem Rühren dazu, dann gibt man diese Crème in die Pfanne zurück und schlägt sie auf dem Feuer ab bis sie dick wird aber nicht kocht. Dann giesst man die Crème in eine Schüssel und setzt das Schlagen fort, bis sie beinahe gekühlt ist. Kann auch mit geschlagenem Rahm vermischt aufgetragen werden.

79. Zitronencrème

    1/2 Liter Milch
    250 Gramm Zucker
    4 Eier
    1 Zitrone

Diese Crème wird wie Vanillecrème zubereitet, nur gibt man statt Vanille die abgeschabte Schale einer Zitrone bei und nachdem die Crème gekocht ist, presst man Zitronensaft hinein.

80. Gebrannte Crème

    1/2 Liter Milch
    4 Eier oder 2 ganze und 4 Eigelb
    350 Gramm Zucker

100 Gramm Zucker werden ohne Wasser auf schwachem Feuer unter beständigem Rühren geschmolzen bis er schön braun ist. Man gibt die Milch hinein und lässt aufkochen; unterdessen rührt man den Rest Zucker mit den Eiern schaumig, giesst dann nach und nach die mit dem Karamel aufgekochte Milch dazu, giesst in die Pfanne zurück und schlägt auf dem Feuer ab bis sie zu kochen beginnt. Man giesst dann die Crème in eine Schüssel und schlägt weiter, bis sie gekühlt ist.

81. Schnee-Eier

1 Liter Milch
5 Eier
300 Gramm Zucker
Vanille

Die Eiweiss werden zu festem Schnee geschlagen und mit 200 Gramm Zucker zu einer Meringemasse bereitet. Unterdessen bringt man die Milch mit 50 Gramm Zucker und der Vanille zum Sieden; dann sticht man von der Masse mit einem grossen Esslöffel eiförmige Stücke ab, gibt diese in die kochende Milch, indem man mit einem zweiten Löffel, der in kaltes Wasser getaucht wird, nachhilft. Haben die Eier 2—3 Minuten gekocht, kehrt man sie auf die andere Seite und lässt sie ebensolange kochen. Man hebt sie dann mit einem Schaumlöffel heraus und lässt sie gut abtropfen. Wenn man mit dem Sieden fertig ist, wird die Milch durch ein Sieb getrieben, noch

50 Gramm Zucker beigegeben und mit dem Eigelb zu einer Vanillensauce gekocht. Die Eier werden dann in eine tiefe Platte oder in eine Schüssel angerichtet und mit der kalten Vanillesauce übergossen.

82. Kaltes Maizena-Köpfchen

1 Liter Milch
100 Gramm Zucker
100 Gramm Maizena
2 Eier
Vanille oder Zitronenrinde

³/₄ Liter Mich werden mit dem Zucker und dem Vanillestengel aufgekocht, dann wird das mit ¹/₄ Liter Milch glatt angerührte Maizena beigemischt und einige Minuten gekocht, bis die Masse etwas dick geworden ist. Man zieht dann vom Feuer zurück, mischt die Eier darunter und füllt eine ausgespühlte Form. Nach dem Erkalten wird es gestürzt, und mit einer Frucht- oder Vanillesauce aufgetragen.

83. Mehlbrei

1 Liter Milch
100 Gramm Mehl
1 Prise Salz

Das Mehl wird mit der kalten Milch glatt angerührt, gesalzen, dann unter Rühren zum Sieden gebracht und ³/₄ Stunden auf schwachem Feuer gekocht.
Oder: Das Mehl wird mit einem Stückchen frischer Butter leicht angeschweisst, gibt dann die

Milch dazu, rühre bis die Masse kocht und lasse ³/₄ Stunden kochen.

84. Milchgriess

>1 Liter Milch
>125 Gramm Griess
>1 Prise Salz

Der Griess wird in die siedende Milch eingerührt, gesalzen und 30—40 Minuten gekocht. Beim Auftragen kann man nach Belieben mit Zimt und Zucker bestreuen.

85. Griesspudding, englische Art

>³/₄ Liter Milch
>125 Gramm Griess
>60 Gramm Zucker
>3 Eier
>80 Gramm Butter
>Vanille oder das Gelbe einer Zitrone

Die Milch wird mit dem Zucker und der Vanille zum Sieden gebracht, dann wird der Griess eingerührt und 20 Minuten gekocht. Hierauf werden die Butter sowie die Eier langsam beigemischt, die Masse in eine Kochplatte gefüllt, 10—15 Minuten im Ofen gebacken und aufgetragen. Wird nach Belieben mit Staubzucker bestreut.

Reispudding, Sago- und Tapiokapudding werden auf die gleiche Weise zubereitet. Diese sind den Kindern sehr bekömmlich.

86. Griess-, Tapioka- u. Sago-Pudding

Für diese Puddings braucht man die gleichen Quantitäten wie für Reispudding. Auch die Zubereitung ist die gleiche.

Dazu wird eine Vanillensauce aufgetragen Nr. 78.

87. Kalter Griessköpfchen-Pudding

³/₄ Liter Milch
180 Gramm Griess
100 Gramm Zucker
30 Gramm Butter
Vanille oder Zitronenrinde

Die Milch wird mit dem Zucker sowie mit der Vanille zum Sieden gebracht, dann wird der Griess eingerührt und aufgekocht, bis sich die Masse von der Pfanne löst. Man füllt dann eine kalt ausgespühlte Form damit und lässt gut erkalten. Die Form wird gestürzt und eine Fruchtsauce zum Pudding aufgetragen.

88. Milchreis

1 Liter Milch
150 Gramm Reis
30 Gramm Butter
1 Prise Salz

Der Reis wird gewaschen und im Wasser aufgekocht. Unterdessen siedet man die Milch mit der Butter, gibt dann den Reis hinein und kocht zirka 15 Minuten. Mit Zimtstengel, Vanille oder

Zitronenrinde kann man nach Belieben den Geschmack ändern.

89. Reispudding

    ¹/₂ Liter Milch
    125 Gramm Reis
    70 Gramm Vanille-Zucker
    50 Gramm Butter
    4 Eier
    1 Prise Salz

Der Reis wird in siedende Milch mit dem Zucker und Salz 20 Minuten zum Kochen gebracht, dann in eine gutbestrichene Pfanne gegossen. Die Butter, die Eigelb und zuletzt der steife Eierschnee werden leicht darunter gezogen. Im Ofen oder im Bainmarie 20—30 Minuten gekocht.

90. Reisköpfchen

    ¹/₄ Liter Rahm, 1 Liter Milch
    200 Gramm glacierter Reis
    150 Gramm Zucker
    150 Gramm kandierte Früchte
    4 Blatt weisse Gelatine
    150 Gramm Aprikosenmarmelade
    2 dl beliebige Fruchtsauce

Milch und Zucker werden zusammen zum Sieden gebracht, der aufgekochte Reis beigegeben und weichgekocht. Die in kaltem Wasser aufgelöste Gelatine sowie 120 Gramm feingehackte kandierte Früchte und die 150 Gramm Aprikosenmarmelade werden dem erkalteten Reis beigemischt; dann

werden 4 dl geschlagener Rahm darunter gezogen. Die Masse wird in eine beliebige Form gegossen, 1 Stunde kalt gestellt und hierauf gestürzt. Der Rest Rahm, sowie die aufgesparten kandierten Früchte werden zum Garnieren verwendet. Siehe Seite 69.
Eine beliebige Fruchtsauce wird dazu serviert.
Als Dessert reicht diese Quantität für 8 Personen.

91. Plattenmüesli mit Reis, Griess, Sago, Tapioka, ohne Zucker

³/₄ Liter Milch
100 Gramm Reis oder Griess, Sago oder Tapioka
2 Eier
1 Prise Salz

Die Milch wird zum Sieden gebracht, hierauf der Reis oder Griess etc. eingerührt und 15 Minuten kochen gelassen. Nachdem die Masse die grösste Hitze verloren hat, rührt man die mit Salz gut verklopften Eier ein, gibt die Masse in eine bestrichene, bestäubte Kochplatte und bäckt im mittelheissen Ofen schön braun.

Für süsse Plattenmüesli gibt man 100 Gramm Zucker dazu, dieser wird mit den Eiern vermengt und der Masse beigegeben.

92. Schokoladecrème

¹/₂ Liter Milch
150 Gramm Zucker
4 Eier oder 2 Eier und 4 Eigelb
150 Gramm Schokolade

Die Schokolade wird mit der Milch aufgelöst und zum Sieden gebracht. Unterdessen werden die Eier mit dem Zucker schaumig gerührt, dann giesst man die mit der Schokolade aufgekochte Milch nach und nach dazu und bereitet wie Vanillencrème Nr. 78.

93. Kaltes Schokoladeköpfchen

1 Liter Milch
90 Gramm Maizena
80 Gramm Zucker
125 Gramm Schokolade

³/₄ Liter Milch werden mit dem Zucker und der Schokolade zum Sieden gebracht, dann wird das mit dem Rest Milch glatt angerührte Maizena zu einem dicken Brei gekocht, hierauf in eine ausgespühlte Form eingefüllt. Zum Anrichten taucht man die Form rasch in heisses Wasser und stürzt.

94. Kaltes Schokolade=Griessköpfchen

1 Liter Milch
125 Gramm Griess
125 Gramm Zucker
125 Gramm Schokolade

Die Milch wird mit dem Zucker und mit der Schokolade aufgekocht, der Griess eingerührt und gekocht bis sich die Masse von der Pfanne löst. Die Masse wird in eine kalt ausgespühlte Form gefüllt, wenn erkaltet gestürzt und mit einer Vanillensauce oder Schlagrahm aufgetragen.

VII.

Rahm-Süßspeisen

95. Russische Crème

    4 dl Rahm
    4 Eigelb
    80 Gramm Zucker
    1 Gläschen Kirsch
    ½ Gläschen Rhum

Die Eigelb werden mit dem Zucker schaumig gerührt, darauf wird der geschlagene Rahm hineingezogen. Das Gläschen Kirsch und das ½ Gläschen Rhum werden beigefügt und das Ganze sofort aufgetragen. Mit beiseite gestelltem Rahm kann die Platte nach Belieben verziert werden, siehe Seite 69.

96. Seide und Sammet

    3 dl Rahm
    2 Eier
    80 Gramm Zucker
    1 Gläschen Kirsch oder Rhum

Die Eigelb werden mit dem Zucker recht schaumig gerührt, dann der Kirsch oder Rhum beigemischt. Der Rahm sowie die Eiweiss einzeln steif geschlagen, leicht darunter gezogen und gleich aufgetragen.

97. Geschlagener Rahm

½ Liter Rahm
Früchte nach Belieben

Steif geschlagener Rahm wird in eine Glasschüssel gebracht und mit Früchten verziert. Siehe Umschlag.

In vielen Fällen wird ungeschlagener Rahm, weil leichter verdaulich, bevorzugt.

98. Erdbeeren Romanoff

½ Liter Rahm
500 Gramm Erdbeeren
100 Gramm Zucker
1 Gläschen Likör

Die Erdbeeren werden mit dem Zucker und Likör gut vermengt und in eine Glas- oder Porzellanschüssel gegeben. Darüber kommt der steif geschlagene Rahm. Um die Platte schön zu machen, gibt man etwas geschlagenen Rahm in einen mit Sterntülle versehenen Spritzsack und verziert damit.

99. Mont-Blanc mit Erdbeeren

½ Liter Rahm
250 Gramm Erdbeeren
60 Gramm Zucker

Der Rahm wird steif geschlagen, gezuckert und mit 200 Gramm im Zucker gerollten Erdbeeren vermengt. Hernach wird die Masse auf einer Platte oder in einer Coupe domartig aufgetürmt und mit dem Rest Erdbeeren verziert.

100. Meringes

4 dl Rahm
250 Gramm Zucker
4 Eiweiss

Die Eiweiss werden zu festem Schnee geschlagen, dann mit 200 Gramm Zucker leicht vermengt. Die Masse wird in einen mit einer runden, glatten Tülle versehenen Spritzsack gefüllt. Auf ein bestrichenes, mit feinem Zucker bestreutes Blech werden dann ovale Schalen geformt, mit Zucker leicht bestäubt und in ganz schwacher Hitze gebacken. Je 2 Schalen werden zusammen mit versüsstem, steifgeschlagenem Rahm gefüllt.

101. Rahmtorte

½ Liter Rahm
250 Gramm Zucker
4 Eiweiss

Die Eiweiss werden zu festem Schnee geschlagen, dann 200 Gramm Zucker leicht darunter gezogen. Die Masse wird in einen mit einer runden, glatten Tülle versehenen Spritzsack gefüllt und wie folgt auf ein bestrichenes, mit feinem Zucker bestäubtes Blech geformt: Man zeichne mit Hülfe eines Tellers oder Deckels 2 Ringe auf das Blech, bringt dann die Eiweissmasse spiralförmig darauf, indem man in der Mitte die vorgezeichneten Ringe anfängt. Diese Ringe werden mit Zucker leicht bestäubt und im

Ofen ganz langsam gebacken. Wenn die Böden erkaltet sind, gibt man auf eine Platte etwas geschlagenen Rahm, legt den ersten Boden darauf, bestreicht denselben wieder mit Rahm, legt den zweiten Boden mit der glatten Seite obenauf darüber, bestreiche schön glatt mit Schlagrahm, ebne ringsum die Rahmtorte ebenfalls mit Rahm und verziere mit dem Rest Rahm oben und auf der Seite, indem man den Rahm in einen mit Sterntülle versehenen Spritzsack gibt. Siehe Seite 69.

102. Windbeutel

¹/₂ Liter Rahm
100 Gramm Butter
125 Gramm Mehl
50 Gramm Zucker
4 Eier
2¹/₂ dl Wasser
Salz

Man bereite zuerst einen Brühteig:
Das Wasser wird mit der Butter, 20 Gramm Zucker und einer Prise Salz zum Sieden gebracht, dann wird das Mehl eingerührt und 1 Minute gearbeitet. Hierauf zieht man vom Feuer zurück, mischt nach und nach 4 Eier hinein und lässt erkalten. Diese Masse gibt man in einen mit einer glatten Tülle versehenen Spritzsack, formt auf einem Bleche runde Häufchen, bestreicht diese mit geschlagenem Ei und bäckt in mittelheissem Ofen schön gelb. Nach

Karamelköpfchen

Reisköpfchen

dem Erkalten werden sie auf einer Seite aufgeschnitten und mit dem steif geschlagenen Rahm gefüllt.

103. Blanc-Manger

    1 Liter Milch oder halb Rahm, halb Milch
250 Gramm Mandeln
150 Gramm Zucker
 10 Blatt Gelatine
     Vanillestengel

Die Mandeln werden in kochendem Wasser gebrüht und geschält, hernach in kaltem Wasser abgewaschen; dann werden sie in einem Mörser mit etwas Wasser fein gerieben oder man trocknet sie und mahlt sie in der Mandelmühle. Die Milch oder halb Milch halb Rahm wird mit dem Zucker und der Vanille aufgekocht, die geriebenen Mandeln hineingeschüttet, die wie oben behandelte Gelatine hineingerührt, in eine Schüssel angerichtet und $^1/_4$ Stunde stehen gelassen. Hierauf wird das Ganze durch ein Tuch gedrückt, in eine kalt ausgespühlte Form gefüllt und an einen kalten Ort oder aufs Eis gestellt, bis das Blanc-manger fest ist. Zum Anrichten taucht man die Form rasch in heisses Wasser und stürzt auf eine mit Serviette bedeckte Platte. Man trägt eine Fruchtsauce dazu auf oder verziert mit Schlagsahne.

104. Bayrische Crème

½ Liter Milch
4 dl Rahm
4 Eier oder 2 Eier und 4 Eigelb
250 Gramm Zucker
6 Blatt Gelatine
Vanille

Man bereitet eine Vanillencrème (Nr. 78), wenn sie gekocht, gibt man die in kaltem Wasser gewaschene Gelatine dazu und rührt die Crème kalt, zieht dann den steifen Rahm schnell darunter, füllt die Masse in eine Form und lässt sie erkalten. Zum Anrichten taucht man die Form rasch in heisses Wasser und stürzt auf eine Platte.

105. Russische Charlotte

3 dl Rahm
3 dl Milch
3 Eier
180 Gramm Zucker
5 Blatt Gelatine
125 Gramm Löffelbiscuits
Vanille

Die Milch wird zum Sieden gebracht, unterdessen rührt man die Eier mit dem Zucker schaumig, giesst nach und nach die Milch unter beständigem Rühren dazu, gibt die Crème in eine Pfanne und schlägt sie auf dem Feuer ab, bis sie dick wird aber nicht kocht. Zieht dann vom Feuer zurück, mischt die in kaltem Wasser gewaschene Gelatine hinein und rührt kalt.

Man zieht dann den steif geschlagenen Rahm leicht unter die Crème, legt eine Form mit Löffelbiscuits aus, füllt die Masse ein, bevor sie steif ist und lässt sie 2 Stunden an einem kühlen Ort stehen. Hierauf wird die Masse auf eine Platte gestürzt und nach Belieben mit Rahm verziert.

106. Diplomatenköpfchen

    3 dl Rahm
    3 dl Milch
    8 Eier
  180 Gramm Zucker
    5 Blatt Gelatine
  150 Gramm Biscuits
    1 Gläschen Kirsch oder Maraschino
  50 Gramm Rosinen
  40 Gramm Orangeat und Zitronat
    Vanille

Bereite eine Bavaroisecrème wie oben.

100 Gramm Löffelbiscuits oder andere werden in kleine Würfel geschnitten, dazu Rosinen, die man mit Kirsch oder Maraschino begiesst, sowie das in kleine Würfel geschnittene Orangeat und Zitronat. Der Boden einer Form wird mit schönen Stücken Biscuits ausgelegt, in Sternform oder Kreuzform, darüber wird eine Schicht von der noch nicht festen Bavaroise gelegt, dann eine Lage von den getränkten Biscuits, Rosinen und Zitronat und so weiter bis die Form voll ist. Wenn erkaltet, stürzt man die Form und trägt mit Himbeersirup auf.

107. Eisbombe Jacqueline

½ Liter Rahm
3 Eigelb
125 Gramm Zucker
1 dl Wasser
200 Gramm Früchte
2 Gläschen Kirsch
2 Stangen Eis und 1 Kilo Salz
Vanille

Der Zucker wird mit dem Wasser und der Vanille zu einem dicken Sirup gekocht, die Eigelb nach und nach auf einem kleinen Feuer bis zu einer dicken Crème gerührt. Wenn es erkaltet ist, gibt man die Früchte und zuletzt den geschlagenen Rahm hinein, giesst alles in eine Form, legt ein Pergamentpapier darüber, verschliesst es gut und schmiert den Deckelverschluss mit Butter ein, damit das Salz nicht durchdringt, legt dieselbe in einen grossen Eimer mit Eis und Salz dazwischen und lässt 3—4 Stunden stehen. Um die Bombe stürzen zu können, wird sie kurz in warmes Wasser getaucht. Man verziert nach Belieben.

Die Früchte werden 2 Stunden in Kirschwasser gelegt. Kandierte Früchte können dazu genommen werden. (Aprikosen und Pfirsiche lassen sich nicht dazu verwenden).

108. Schokoladeschaum

4 dl Rahm
100 Gramm Schokolade
2 Eigelb
50 Gramm Zucker

Die Eigelb werden mit dem Zucker schaumig gerührt, unter den geschlagenen Rahm gezogen und die Schokolade beigegeben.

Tafelschokolade wird geschmolzen, indem man heisses Wasser darüber giesst und sofort abschüttet.

109. Kaiser-Reis

   ¹/₃ Liter Rahm
   ¹/₄ Liter Milch
   3 Eier
   175 Gramm Zucker
   ¹/₃ Liter Weisswein
   150 Gramm Reis

Der Reis wird am Abend vorher in Wasser gelegt, am nächsten Tag mit der Milch und 50 Gramm Zucker aufgekocht und wenn erkaltet mit folgender Crème vermengt:

125 Gramm Zucker werden mit Weisswein gekocht, die 3 Eier langsam dazu verrührt und im Wasserbad zu einer Crème verarbeitet. Diese Crème wird kalt unter den Reis vermengt und der geschlagene Rahm zum Schluss darunter gezogen. Das Ganze wird in eine Kristall- oder Glasschale gegossen und kann nach einigen Stunden aufgetragen werden.

110. Damenplätzchen

   3 dl Rahm
   200 Gramm Zucker
   250 Gramm Mehl
   5 Eiweiss

Der Rahm wird steif geschlagen, dann mischt man sorgfältig den Zucker, sowie das Mehl dazu, hierauf zieht man die 5 steif geschlagenen Eiweiss leicht darunter. Man füllt dann diese Masse in einen, mit einer kleinen glatten Tülle versehenen Spritzsack und formt nussgrosse Häufchen auf ein bestrichenes und bestäubtes Blech, schlägt dasselbe leicht auf den Tisch, damit die Häufchen flach werden und bäckt in nicht zu heissem Ofen gelb, mit braunem Rand.

111. Plaisir de dames

150 Gramm Mehl
120 Gramm Zucker
3 dl Rahm

Das Mehl und der Zucker werden mit dem Rahm glatt angerührt. Forme aus dieser Masse mit einem Löffelchen runde Plätzchen auf ein mit Wachs bestrichenes Blech und backe die Blättchen hellbraun und rolle sie sofort über ein fingerdickes, rundes Holz zu langen Röhrchen auf.

VIII.

Verschiedene Milch-, Rahm- und Käsespezialitäten

112. Rahmeis

Rahmeis ist ein vorzügliches Produkt aus Rahm, Milch, Zucker und Aromastoffen, dessen Herstellung und Verbrauch im Ausland, namentlich in Amerika, grossen Umfang angenommen hat. Es wird dort nicht nur als Nachtisch oder Luxusartikel betrachtet, sondern als wirkliches Nahrungsmittel regelmässig verwendet.

Rahmeis ist nicht mit gewöhnlichem Eis zu verwechseln. Seine Herstellung erfolgt nach streng hygienischen Grundsätzen in verschiedenen unserer grösseren Stadtmolkereien, unter Verwendung von nur erstklassigen Rohstoffen. Zufolge seines hohen Gehaltes an Rahm ist es nicht nur erfrischend, sondern auch sehr nahrhaft. Der hohe Rahmgehalt bewirkt, dass Rahmeis nicht kältend auf die Verdauungsorgane wirkt, wie gewöhnliches Eis,

Glace, Fruchteis u. dgl. Diese Tatsache wird übrigens von den Ernährungs-Hygienikern der verschiedensten Länder anerkannt.

Der Gebrauch von Rahmeis ist sehr vielseitig. Man verwendet es als Erfrischung und zur Stärkung bei warmer Witterung, auf Sport- und Rennplätzen und bei ähnlichen Festanlässen, ferner im Theater, Kino und schliesslich allgemein als vorzügliche Nachspeise.

Rahmeis wird in Blöcken von $1/2$ und 1 Liter, sowie in kleinen Packungen (Karton, Becher) oder auch mit Schokoladeumhüllung verkauft. Als Aromastoffe kommen hauptsächlich zur Verwendung: Vanille, Himbeer, Erdbeer, Ananas, Mokka, Schokolade, Haselnuss, Zitrone etc. Ein Gemisch von mehreren dieser Aromas gibt das »panachierte Rahmeis«, das sich ebenfalls grosser Beliebtheit erfreut.

113. Yoghurt (Bulgarische Sauermilch)

Yoghurt wird aus Milch unter Zusatz von speziellen Bakterien (Bacillus bulgaricus) hergestellt. Sein angenehm säuerlicher Geschmack und die leichte Verdaulichkeit machen es zum bevorzugten Nahrungs- und Genussmittel für Jung und Alt, namentlich auch für Kranke und Genesende.

Die günstige Wirkung des Yoghurt auf den menschlichen Organismus beruht im wesentlichen auf dem Umstande, dass durch die Milchsäure und die Tätigkeit des »Bacillus bulgaricus« die Fäuliskeime im Darme (herrührend von schlechter Verdauung, einseitiger Fleischnahrung etc.) bekämpft und abgetötet werden.

Yoghurt kommt in Gläsern oder weithalsigen Flaschen zum Verkauf und ist in den grössern Molkereien, Milchgeschäften und durch die städtischen Milchträger erhältlich. Es kann mit Zusatz von Zucker, Zimt, Vanille oder geröstetem Brot genossen werden.

114. Der Kefir

Der Kefir wird aus Milch unter Zusatz von Kefirkörnern hergestellt. Diese Körner (Fermente) haben die Eigenschaft, den Milchzucker in Milch- und Buttersäure umzuwandeln, ohne die Milch selbst zum Gerinnen zu bringen. Im Gegensatz zu Yoghurt ist Kefir flüssig und leicht moussierend, sein Geschmack ist angenehm säuerlich.

Der Kefir bildet ein erfrischendes und nahrhaftes Getränk. Er ist wegen seiner leichten Verdaulichkeit und der günstigen Wirkung auf Magen und Darm auch für Kranke und Genesende zu empfehlen.

115. Reib- und Hobelkäse

Der Reib- und Hobelkäse ist eine besonders in den innerschweizerischen, bernischen und freiburgischen Alpen hergestellte Hartkäsesorte, die im Alter von 2—3 Jahren zum Verbrauch kommt. Am bekanntesten sind der Spalen- oder Sprinzkäse und der Greyerzer-Reibkäse. Diese Käse werden möglichst fein gemahlen als Beigabe zu Suppen, Gemüse, Teigwaren etc. verwendet, deren Geschmack und Nährwert dadurch sehr günstig beeinflusst wird.

Der Saanenkäse wird mit Vorliebe als Hobelkäse verwendet.

116. Der Schachtel- oder Schmelzkäse

Dieser Käse (Erfinderfirma Gerber & Co., Thun) wird durch Umschmelzen nach besonderem Verfahren aus vollfetten Käsesorten, vornehmlich Emmentaler und Greyerzer, hergestellt. Als Ausgangsprodukt kommen nur wirklich gute, reinschmeckende Käse zur Verwendung, die allerdings in Bezug auf Laibgrösse und Lochung nicht den höchsten Ansprüchen zu entsprechen brauchen, indem sich diese Eigenschaften beim Umwandlungsprozess ohnehin verlieren. Der Schachtelkäse wird in Kleinpackungen (Schachteln) von 250 Gramm geliefert, und zwar entweder in einem Stück oder

Schweizer Rahmtorte

Russische Crème

aufgeteilt in 6 Teilstücken. Die rein maschinelle Bereitung und die luft- und staubdichte Umhüllung mit Staniol leisten Gewähr für ein hygienisches, schmackhaftes Erzeugnis, das sich durch angenehmen, immer gleichbleibenden Geschmack, leichte Verdaulichkeit und grosse Haltbarkeit auszeichnet.

Da der Schachtelkäse keinerlei Abfall gibt, stets gebrauchsfertig und leicht mitzunehmen ist, eignet er sich vorzüglich zur Verwendung im Haushalt, zum Nachtisch und als Touren- oder Militärproviant.

Zur Versendung in Tropenländern wird der Käse in Blechdosen geliefert.

117. Blockkäse

Blockkäse ist Schachtel- oder Schmelzkäse, der in Blöcken von gewöhnlich 2 Kilo Gewicht in den Handel kommt und sich namentlich zum Verkauf im Anschnitt ab Laden und für Grosskonsumenten eignet. Zufolge Wegfalles der Kleinpackung ist der Blockkäse etwas billiger als Schachtelkäse.

118. Verschiedene Weich- & Schimmelkäse

An Weich- und Schimmelkäsen, die in der Schweiz hauptsächlich fabriziert werden, sind zu nennen:

Limburger (Romadour-, Backstein-) Käse, ein Labkäse in Ziegelsteinform mit weichem, speckigem Teig und etwas scharfem Aroma.

Münsterkäse, ein kleiner, runder Weichkäse, gewöhnlich mit weisser Schimmelbildung und mildaromatischem Geschmack.

Beaumontkäse, ein Weichkäse im Gewicht von ca. 1 Kilo und angenehmem Geschmack, ähnlich dem italienischen „Bel paese".

Blauschimmelkäse, Genre Roquefort, ein Weichkäse, hergestellt unter Zusatz von Schimmelpulver, das sich durch den Zutritt von Luft in den durchstochenen Käschen zu dem charakteristischen Blauschimmel entwickelt.

Rahmkäschen („Petits Suisses" etc.), hergestellt aus überfetter Milch, mit einem Fettgehalt von wenigstens 55 % Fett in der Trockenmasse.

Champignon-Camembert, Feinkäse mit Schimmelpilzbildung, Allgäuer Käse 50 % Fett.

Rahmeis

Verziertes Rahmeis

Inhalts=Verzeichnis

I.
Käsespeisen mit Brot und Teig

	Seite		Seite
Käsekuchen	7	Käsebrötchen	16
Käseschnitten, einfache Art	8	Käsekrapfen	16
Käseschnitten, englische Art	11	Käserösti	17
Käse-Charlotte	12	Käsebrei	17
Käserollen	15	Käse-Kanapee	18
Käsetörtchen oder Ramequin	15	Käse-Windbeutel	18
Ramequin	15		

II.
Käsespeise mit Eiern

	Seite		Seite
Käseomeletten, franz. Art	19	Aufgesetzte Eier mit Käse	24
Käseomelette	19	Eier an weisser Sauce	24
Rühreier mit Käse	20	Käseknöpfli	27
Spiegeleier mit Käse oder Käsebrätel	21	Spätzle mit Käse	28
Käseplattenmüesli	21	Käse-Gnocchi	28
Eierkutteln	22	Griess-Gnocchi	29
Eier au Gratin	23	Mais-Gnocchi	30
Gefüllte Eier	23	Käseplätzchen	30

III.
Reine Käsespeisen

	Seite		Seite
Neuenburger-Fondue	31	Käseauflauf	34
Fondue nach Freiburger Art	32	Käse-Crème	35
Berner-Fondue	32	Käse-Teufelchen als Suppen-Einlage	36
Käsesalat	33		
Käseküchli	33	Walliser-Râclette	36
Käsekügelchen	33		

IV.
Käse als Speisezusatz

	Seite		Seite
Piemonter Risotto	37	Kartoffelstock, gratiniert	42
Käsereis, im Ofen gebacken	38	Kartoffelpudding mit Käsecrème	42
Reiscroquetten mit Käse	38		
Spaghetti nach Neapolitaner Art	39	Blumenkohl, gratiniert	43
		Blumenkohl, Mailänder Art	44
Maccaroni mit Käse	39	Schwarzwurzeln mit Käsecrème	44
Maccaroni, ital. Art, gratiniert	40		
Polenta mit Käse	40	Spargeln nach Mailänder Art	47
Kartoffelrösti mit Käse	41	Käse mit Tomaten	47
Kartoffeln mit Käse, im Ofen gebacken	41	Lattich nach Berner Art	48
		Spinat, gratiniert	48
Kartoffelplätzli mit Käse	41		

V.
Käse als Nachspeise

	Seite		Seite
Käsegebäck	52	Welsch Rare-bits	54
Käsestangen	52	Käse-Biscuits	54
Törtchen Rebekka	53		

VI.
Milchspeisen

	Seite		Seite
Plattenmüesli, süss	55	Griess-, Tapioka- und Sago-Pudding	61
Plattenmüesli, gratiniert	55		
Karamelköpfchen	56	Kalt. Griessköpfchen-Pudding	61
Vanillenköpfchen	56	Milchreis	61
Vanillencrème	57	Reispudding	62
Zitronencrème	57	Reisköpfchen	62
Gebrannte Crème	57	Plattenmüesli mit Reis, Griess, Sago, Tapioka, ohne Zucker	63
Schnee-Eier	58		
Kaltes Maizenaköpfchen	59	Schokoladecrème	63
Mehlbrei	59	Kaltes Schokoladeköpfchen	64
Milchgriess	60	Kaltes Schokolade-Griessköpfchen	64
Griesspudding, englische Art	60		

VII.
Rahm-Süßspeisen

	Seite		Seite
Russische Crème	65	Bayrische Crème	72
Seide und Sammet	65	Russische Charlotte	72
Geschlagener Rahm	66	Diplomatenköpfchen	73
Erdbeeren Romanoff	66	Eisbombe Jacqueline	74
Mont-Blanc mit Erdbeeren	66	Schokoladeschaum	74
Meringes	67	Kaiser-Reis	75
Rahmtorte	67	Damenplätzchen	75
Windbeutel	68	Plaisir de dames	76
Blanc-Manger	71		

VIII.
Verschiedene Milch-, Rahm- und Käsespezialitäten

	Seite		Seite
Rahmeis	77	Limburger (Romadour-, Backstein-) Käse	81
Yoghurt (Bulgar. Sauermilch)	78	Münsterkäse	84
Der Kefir	79	Beaumontkäse	84
Reib- und Hobelkäse	80	Blauschimmelkäse	84
Der Schachtel- oder Schmelzkäse	80	Rahmkäschen	84
Blockkäse	83	Champignon-Camembert	84
Weich- und Schimmelkäse	84		

Alphabetisches Inhalts-Verzeichnis

	Seite		Seite
Bayrische Crème	72	Kartoffelpudding m. Käsecrème	42
Beaumontkäse	84	Kartoffelrösti mit Käse	41
Blanc-Manger	71	Kartoffelstock, gratiniert	42
Blauschimmelkäse	84	Käse-Auflauf	34
Blockkäse	83	Käse-Biscuits	54
Blumenkohl, gratiniert	43	Käsebrei	17
Blumenkohl, Mailänder Art	44	Käsebrötchen	16
Champignon-Camembert	84	Käse-Charlotte	12
Charlotte aus Käse	12	Käse-Crème	35
Charlotte, Russische	72	Käsegebäck	52
Damenplätzchen	75	Käse-Gnocchi	28
Diplomatenköpfchen	73	Käse-Kanapee	18
Eier, aufgesetzte mit Käse	24	Käseknöpfli	27
Eier, gefüllte	23	Käsekrapfen	16
Eier au Gratin	23	Käsekuchen	7
Eierkutteln	22	Käseküchli	33
Eier an weisser Sauce	24	Käsekügelchen	33 u. 34
Eisbombe Jacqueline	74	Käseomeletten, französ. Art	19
Erdbeeren Romanoff	66	Käseomeletten	19
Fondue, Berner	32	Käseplattenmüesli	21
Fondue nach Freiburger Art	32	Käseplätzchen	30
Fondue, Neuenburger	31	Käsereis, im Ofen gebacken	38
Gebrannte Crème	57	Käserollen	15
Griess-Gnocchi	29	Käserösti	17
Griessköpfchen-Pudding, kalt.	61	Käsesalat	33
Griesspudding, englische Art	60	Käseschnitten	8
Griess-, Tapioka- und Sago-Pudding	61	Käsestangen	52
		Käse-Teufelchen	36
Kaiser-Reis	75	Käse mit Tomaten	47
Karamelköpfchen	56	Käsetörtchen oder Ramequin	15
Kartoffeln mit Käse, im Ofen gebacken	41	Käse-Windbeutel	18
		Kefir	79
Kartoffelplätzli mit Käse	41	Lattich nach Berner Art	84

	Seite		Seite
Limburger Käse	84	Rühreier mit Käse	20
Maccaroni mit Käse	39	Russische Crème	65
Maccaroni, ital. Art, gratiniert	40	Seide und Sammet	65
Mais-Gnocchi	30	Schachtel- oder Schmelzkäse	80
Maizena-Köpfchen, kaltes	59	Schnee-Eier	58
Mehlbrei	59	Schokoladecrème	63
Meringes	67	Schokolade-Griessköpfchen, kaltes	64
Milchgriess	60		
Milchreis	61	Schokoladeköpfchen, kaltes	64
Mont-Blanc mit Erdbeeren	66	Schokoladeschaum	74
Münsterkäse	84	Schwarzwurzeln mit Käsecrème	44
Piemonter Risotto	37		
Plaisir de dames	76	Spaghetti nach Neapolitaner Art	39
Plattenmüesli, gratiniert	55		
Plattenmüesli mit Reis, Griess, Sago, Tapioka, ohne Zucker	63	Spargeln nach Mailänder Art	47
		Spätzle mit Käse	28
Plattenmüesli, süss	55	Spiegeleier mit Käse oder Käsebrätel	21
Polenta mit Käse	40		
Pudding: Griess, Tapioka und Sago	61	Spinat, gratiniert	48
		Törtchen Rebekka	53
Rahm, geschlagener	66	Vanillencrème	57
Rahmeis	77	Vanillenköpfchen	56
Rahmkäschen	84	Walliser-Râclette	36
Rahmtorte	67	Weich- und Schimmelkäse	84
Ramequin	15	Welsch Rare-bits	54
Reib- und Hobelkäse	80	Windbeutel	68
Reiscroquetten mit Käse	38	Yoghurt (Bulgarische Sauermilch)	78
Reisköpfchen	62		
Reispudding	62	Zitronencrème	57

Wie verwende ich meine Früchte?